AF331312

HENRI KLEIN

Les Lumières
d'El-Djezaïr

ALGER
IMPRIMERIE ORIENTALE FONTANA FRÈRES
3, RUE PELISSIER, 3
—
1918

LES LUMIÈRES D'EL-DJEZAÏR

Alger, mai 1918.

Si notre ville, autrefois, mérita la dénomination d'*El-Djezaïr-la-Blanche*, elle ne mérita pas moins en sa vie nouvelle et jusqu'à l'heure où la Barbarie Germanique vint endeuiller l'humanité, l'appellation d'*Alger-la-Lumineuse*.

Cité *de la lumière* déjà, par son soleil, elle était de même, devenue cité *des lumières*, par cette splendeur joyeuse dont — régulièrement — elle s'enveloppait en compensation de l'évanouissement du jour.

Quel spectacle, en effet, offrait cette vibrante parure de feux que, sur son sein, chaque soir, déroulait sa coquetterie africaine ! Et quel ravissement alors, à l'arrivée par mer, devant cette somptueuse joaillerie si à profusion dépensée !

Un prestigieux étincellement marquait dans l'obscurité la superbe envergure de sa ligne maritime. Augmentée des scintillations des sites environnants, cette luminosité se développait de part et d'autre, sur l'ampleur de la rive, jusqu'aux feux de garde de Matifou et de Caxines, entre lesquels, ainsi, rutilaient des myriamètres de perles d'or. Et sous ce charme, l'illusion de vivre quelque miraculeux conte d'Orient venait à l'étranger qu'impressionnait, pour la première fois, cette éblouissante vision. Mais revivons nous-mêmes, cette féerie d'antan comme la revivent encore ceux qui, par le monde, en ont emporté le souvenir et par qui, au reflet de la pensée, se trouve — à l'infini — multiplié notre El-Djezaïr.

C'est tout d'abord cette radieuse guirlande tendue sur la galerie de cet *unique* Boulevard, où chaque arceau recèle une fleur ardente. Étonné, l'hôte de passage qui a cru à la célébration de quelque fête, apprend qu'il s'agit là, *simplement*, d'un luxe quotidien.

Au milieu de cet incandescent chapelet, se détache, ainsi qu'une médaille, le foyer de la Place du Gouvernement au-dessus de laquelle, fixe et lumineux comme la prunelle d'un oiseau de nuit, l'œil rond du minaret de l'Horloge semble s'hypnotiser de l'éclat des candélabres qui fleurissent ce lieu.

Ailleurs, en un îlot de verdure, c'est un autre centre de clarté : c'est le rayonnement de l'oasis du Square où, du haut des palmiers, s'épand sur un semis d'étoiles brûlant à l'entour de cristallins disques d'eau, le ruissellement lunaire de globes électriques. Ailleurs encore, c'est la sinueuse illumination du paysage vénitien de l'Amirauté, qu'on voit se prolonger en flèches flamboyantes dans la rêverie d'une onde où sommeille un long passé, tandis qu'au sommet de la tour du *Peñon* — dressée parmi ces pierres historiques telle une colonne de commémoration — veille comme une flamme pieusement allumée sur un souvenir, le feu du Phare dont les tons pourpre et or paraissent évoquer là, les séculaires couleurs de Castille et d'Aragon.

Et plus loin, vers l'Occident, au long de la serpentante promenade du Front-de-Mer, ce sont — comme à Genève — *baignant presque dans les flots*, et envahissant les criques de leurs jets vermeils, les éclairages des établissements balnéaires et des chalets d'été échelonnés sur le sable et sur les roches.

Et voici, à présent, le port avec ses *pizzicati* multicolores. Les rouges, les verts, les chromes s'y répètent en intensités diverses. C'est toute une prairie diaprée, qu'on dirait l'œuvre d'un coup de baguette de fée. L'œil charmé contemple longuement ce printemps nocturne. Çà et là, au flanc des vaisseaux, à l'extrémité des mâts, au bord des môles, s'épanouissent de petites roses de topaze, perlent des boutons de chrysolithe, pointent des aigrettes de grenat. A l'entrée des passes, des nénuphars de rubis et d'émeraude oscillent, pénétrant l'onde moirée de frémissantes tiges pareillement de rubis et d'émeraude. Cette aquatique floraison s'étend, s'accentue vers l'arrière-port. C'est là, toute une éclosion de la grâce la plus originale, comme si quelque tempête eût ramené des abîmes les plus précieux échantillons de la flore sous-méditerranéenne. Et c'est, de ce fond du tableau, une vision nouvelle du grand phare qui, au premier rang de toutes ces corolles, semble maintenant une fleur majeure, une géante tulipe affirmant, sur cette corbeille flottante, sa souveraineté.

A cette polychromie dormante, une polychromie animée s'ajoute parfois. Ce sont alors, parmi les belles fleurs d'eau, des coulées de libellules : des signaux colorés de vedettes qui passent. Ce sont — nouveaux feux de Saint-Elme — les fragiles *trémolo* que met au faîte d'une mâture la télégraphie optique dont, mystérieusement dans l'ombre, se poursuit le subtil clignottement à l'arrêt duquel, d'un semblable cillement, répond aussitôt une autre mâture. Et c'est, sur les torpilleurs en évolutions, accroché à la misaine comme un lustre, un groupe de lucioles marquant une enseigne de manœuvres, que suit au brasillement du sillage, une frémissante chevelure arc-en-ciel.

Quand — dépourvue de cet appareil de nuit — s'avance, obscure, quelque chaloupe, ce sont encore, après celle-ci, dans les palpitations prolongées de son remous, les fulgurantes convulsions d'une chimère phosphorescente prise dans l'écume, dont, au loin, vont se perdre en éclairs glauques, les multiples orbes brisées.

Et c'est aussi, magnificence de la lumière mobile, la solennelle entrée d'un paquebot illuminé de tous ces hublots. Comme une nef fabuleuse, le navire paraît glisser sur du soleil fondu. De sa coque, tombe dans l'élément liquide une ample frange toute de rayons. Les splendides effilés, enroulés en vrilles, contournés en torsades ou raidis en stalactites, viennent se dissoudre en ce bain d'or dont l'éclat diffusé va réveiller les ténèbres des profondeurs voisines où flottent, un instant, de tendres lueurs d'aurore.

À ce charme de la mer, une fois encore vient s'unir le charme de la terre.

Le jardin de Thétis se complète des parterres du rivage. Aux floraisons du port succèdent les plates-bandes des quais où le gaz trace des parallèles, développe des damiers — et au bord desquelles curieusement s'émaille de lampyres, la voie ferrée, au jeu de ses lanternes et de ses sémaphores.

Cela se propage par delà l'ancienne zone d'enceinte, sur les bords de l'Agha que dominent, en recul, les espaliers lumineux des hauteurs de Mustapha. Les pentes se piquent d'une montée d'étincelles. C'est un véritable feu d'artifice, mais figé en son essor et mué en constellations.

Au front de la colline vers laquelle s'élèvent les parfums des bosquets du Hamma et du Jardin d'Essai, le pointillé brillant du Boulevard Bru compose un diadème. Et là-bas, au pied du tertre qui sert de piédestal à l'obélisque de l'Armée d'Afrique, une prodigieuse palme s'étale, dessinée sur le sol par des traînées de paillettes.

Et, des sommets environnants, des pléiades nouvelles se découvrent au creux des riants vallons de la banlieue où plonge la vue ainsi qu'au sein d'une beauté qu'on surprend. Comme autant de parures secrètes, se révèlent en points d'or, dans la fraîcheur de ces gorges, des fantaisies décoratives variées : arabesques, rinceaux, quinconces, mosaïques que semble y avoir brodées quelque main capricieuse.

Mais là ne cesse pas le charme de la vision.

Le ciel, à son tour, vient mêler son décor à celui de la terre. L'union des deux mondes se fait si intime, qu'à leur ligne de contact l'œil ne discerne plus les feux d'ici-bas de ceux de l'infini.

Sur la crête de la colline, est-ce une étoile qui dort, est-ce une clarté qui veille ? Sait-on !... Dans l'enchantement des choses, l'astre et la flamme ont pris même apparence en un même sourire.

Et l'alliance aussi se réalise, des cieux avec l'empire des eaux. A l'écrin de la mer, le trésor stellaire s'augmente de gemmes nouvelles et l'on voit ainsi une divinité de l'azur — inclinée sur le champ des vagues — d'une aigue-marine fleurie sur quelque bouée, sur quelque mât, prolonger sa guirlande de diamants.

Et c'est encore la magie de la lune qui, sur l'onde, déjà damasquinée d'or par les reflets du rivage, grave en surcroît magnifique, des niellures d'argent, brode des bandeaux de filigrane, dissémine des poussières de mica, sème des écailles de nacre, fait miroiter des verroteries au clapotis des roches ; puis, selon que s'anime l'espace ou que règne la majesté des grands calmes, taille de facettes le cristal des lames, ou, sur la sereine étendue céruléenne, glace des émaux à irisations d'opale.

Et sur chaque plan de la côte, le miracle de Phébé se réitère en de non moins exquises transformations.

La ville, devenue d'albâtre, se lustre aux céramiques de ses frontons et de ses tours, s'irradie aux verrines de ses baies, flambe aux vitrages des coupoles dressées sur ses atriums. Dans la campagne, sous leurs ornements de faïences, de tuiles vernissées et de cabochons, éclatent les villas mauresques épanouies de toute leur neige en leurs jardins solitaires où, parmi les luisances des palmes, s'étalent les nappes vitrifiées des vasques et se cristallisent les larmes des jets d'eau.

. . . .

Les bruits dans la cité, insensiblement s'apaisent. Aux alentours, la nature s'assoupit dans la tiédeur des parfums. Dans l'immobilité vaporeuse s'éteignent les dernières notes d'une flûte arabe. La vie s'alanguit, se suspend de tous côtés. Alger rêve... Alger s'endort, laissant — oublié de tous — s'harmoniser son bel hymne de lumière à celui, sublime et éternel, qui chante au firmament.

Pendant des heures, la merveille terrestre associe à la merveille sidérale sa poésie pour, avec elle, s'évanouir quand la renaissance du jour pare à nouveau l'Orient.

Un rose alors, d'une indicible séduction, d'une inexprimable volupté, triomphe sur les cimes des monts, fascinant l'âme de mirages. L'imagination exaltée se livre aux évocations les plus diverses. Des apparitions d'âges lointains se succèdent en la pensée où s'exercent tous les prestiges de l'Illusion.

Cette pourpre — à présent déroulée sur l'œil des hommes — ne serait-elle pas un lambeau de l'écharpe de la belle Zaphira que fit, une seconde fois, reine d'El-Djezaïr, le grand corsaire Barberousse, après le meurtre de son royal époux ? — Ne serait-ce pas aussi le reflet de l'éclatant manteau des pachas algériens devant qui, si longtemps, trembla la Chrétienté ? — Ou encore la flamme réfléchie de la chlamyde qu'ici même, à *Icosium*, arbora le maurétanien Firmus, en rébellion contre l'autorité césarienne ? — Ne serait-ce pas plutôt un vestige du pompeux laticlave dont — en conformité du privilège conféré aux cités romaines — s'enluminait la toge des élus du défunt municipe africain ?

    … Et combien d'autres fictions, combien d'autres images écloses à la contemplation de cet impressionnant Levant !

    Mais cette féerie dont, avant la Grande Guerre, chaque soir, se parait Alger, qu'était-elle — toute jolie, toute captivante qu'elle s'offrît — qu'était-elle, en vérité, auprès de celle que faisait étinceler sur son arc l'anniversaire d'une grande date ou la célébration d'une auguste visite !

    Quel attrait différent en l'apparat de ces nuits ennoblies d'un illustre souvenir ! Quelle autre charme en ces galas de *nationales* réceptions, qu'éblouissaient de joyaux les plus ingénieuses combinaisons pyriques !

    Instauré au lendemain de la conquête de 1830, ce luxe public s'inaugura en l'honneur du roi de France, au jour initial de Mai. Et ce fut, certes, une émotion profonde au cœur des Musulmans lorsque, pour la première fois, lampadaires et girandoles, serpentins et soleils répandirent leur doux enchantement devant ces flots qui — en la succession de tant de siècles, n'avaient vu se mirer en eux, d'autres illuminations que celles, issues de la torche de Bellone — sur lesquels, avec tant d'autres farouches splendeurs, s'étaient tragiquement réverbérés les géants incendies vandales et sarrazins et, plus tard, aux temps barbaresques, les embrasements simultanés de la cité et de la darse, sous les foudres d'un Duquesne ou d'un Lord Exmouth.

    Maintenant une ère de paix s'était levée sur ce coin d'Afrique !

    Pendant des années, les *Saint-Philippe* développèrent sur les façades algéroises et sur les vaisseaux du port des parures de feu blasonnées aux armes de la Monarchie de Juillet. Les Quinze-Août, dans la suite, y vinrent allumer leurs décorations en lesquelles s'éployèrent des aigles dominées du monogramme impérial. Et les nouvelles victoires que remportèrent par le monde les phalanges des zouaves et des turcos, firent, de même façon, scintiller sous ses atours de fête, notre Alger aux traits de laquelle les exploits de ces guerriers du pays ajoutaient une auréole de gloire.

Et dans l'enthousiasme universel, on voyait alors, au charme d'une soirée printanière, mille explosions de gerbes évoquer parmi les astres, en leur éclat *solférino*, le souvenir d'une épopée qui avait valu à un Maréchal-Gouverneur le sacre de l'immortalité.

Et ce fut l'imposant spectacle que produisirent en notre cadre maritime les unités du cortège naval de l'Empereur Napoléon, jaillissant ensemble de l'ombre, toutes brodées de perles, aux transports admiratifs de l'entière population réunie sur ses terrasses. Puis ce fut, à l'arrivée du Président Loubet, la vue de ce même spectacle qu'offrit avec une richesse et une ampleur accrues, devant la ville enguirlandée de tulipes de flammes, la flotte internationale présente, dont — aussi — saillirent instantanément de l'obscurité, les nombreux vaisseaux ponctués de pierreries jusqu'en les moindres détails de leur architecture.

Et ce fut, peu après, la scène inoubliable des divisions britanniques venues avec le roi Edouard VII et la reine Alexandra, donnant sous des ruissellements de joailleries, de fantastiques joutes de glaives gigantesques faits de rayons électriques, au frôlement desquels tressaillait lumineusement l'onde et s'aveuglait toute la cité.

Et que d'émerveillements à rappeler encore, tels ces fêtes de nuit du Palais d'Eté où — des jardins embaumés de senteurs enivrantes, aux salons triomphants de grâce et vibrants du rêve des mélodies berceuses — ce n'étaient que gouttes de lumière, fleurs de lumières, bouquets de lumière noyant toutes choses en leurs radiations ! —

Et peut-on oublier ces fêtes nautiques sous les étoiles, promenant au crépitement d'éruptions polychromes, dans le reflet mordoré d'une Amirauté en ignition, des théories de gondoles et de caïques rutilants, des caravelles semblables à des pièces d'orfèvrerie, comme si — revêtues de tous les trésors qu'elles rapportaient du Nouveau-Monde, avaient surgi du fond de notre rade où elles s'étaient englouties avec tant de vaisseaux de Charles-Quint, les galiotes du Conquistador, Fernand Cortès.

— Et comment ne pas donner un souvenir à ces fervents et pittoresques Ramadans qui, en leurs nuits sacrées, tressaient ces ardentes couronnes aux dentelures des blancs minarets et — dans le bonheur des *Aïd-el-Kebir* chatoyants de vestes chamarrées et de ceintures de soie — rayaient de l'ascension de leurs fusées, l'azur nocturne demeuré jusqu'au matin, ébloui de météores et de pluies diamantines.

Mais où converge la plus intense admiration rétrospective de chacun, c'est sur cette coquette mosquée *Ed-Djedid* qui — aux grandes solennités locales et aux joyeux retours des Quatorze-Juillet — prêtait sa forme harmonieuse à l'apothéose de nos féeries.

Quelle somptuosité alors, sur le l'eurythmie de cet orientalisme dont l'image revue de mémoire, en son faste éphémère, fait se renouveler en l'âme, l'extase de sa dernière apparition :

Une tiare incrustée de pierres précieuses se dresse dans les airs. C'est un fourmillement inouï de coruscations de toutes couleurs. Dans le lacis d'une résille d'or dont se recouvre le dôme, des braises palpitent, des flammes frémissent, parmi lesquelles se jouent des réflexions de pierres de lune.

Par dessus, se développent des concentricités faites de chatons scintillants : à des cercles de saphirs succèdent des cercles d'escarboucles et des cercles d'améthystes, entremêlés de constellations de coraux et de turquoises. Et à l'originalité de cet astérisme vient s'ajouter l'éclat d'épanouissements de roses en pleine combustion.

Et c'est encore, ramagée d'autres joyaux, toute une passementerie de velours, de brocarts se déroulant en galons, en rubans du plus séduisant coloris

Des contours denticulés de la *djema*, que bordent, festonnent des colliers de lapis-lazuli, descendent des réseaux vermeils à pendeloques d'émeraudes, formant à cette broderie une crépine d'une élégance suprême.

Aux baies, flamboient, sous leurs treillis incandescents, d'adorables vitraux piqués de rubis et — par instants — sous de subites clartés, les ondulations laiteuses de l'édifice se satinent de délicieux reflets mauves, lilas, vert d'eau...

La multitude fascinée contemple longuement sa mosquée sur laquelle semblent s'être réunies toutes les gemmes des sultanes d'El-Djezaïr.

On s'éloigne croyant avoir épuisé toute admiration et l'on revient encore irrésistiblement attiré par cette magie digne d'une légende des *Mille et une Nuits.*

*

Mais combien lointaines sont aujourd'hui ces resplendissantes fêtes...

La guerre, l'horrible guerre est survenue, qui, pour des années, a rompu leur gracieuse tradition.

A l'annonce de la formidable chose, les fils de la cité, enlevés d'une commune ardeur, coururent aux vaisseaux pour voler au secours de la Mère-Patrie. Toute la jeunesse s'en fut. Et après son départ, la cité se recueillant, éteignit ses parures. La plus belle de toutes, celle de son Boulevard, si chère à son orgueil, disparut la première. Désormais, ce fut une bande d'ombre qui, le soir, s'étendit sur la longueur de cet immense belvédère.

Bientôt, par toutes les autres voies, la clarté se réduisit. Des zones obscures se firent en des quartiers où, naguère, éclatait la lumière radieuse. Par précaution contre la piraterie tudesque, les verrières, aux façades orientées vers la mer, se voilèrent d'écrans, et les rares flammes vacillant encore sur les chaussées du rivage, se dérobèrent de même aux investigations du large.

Une vaste opacité enveloppe maintenant tout Alger dont la masse, aux heures nocturnes, apparaît, à distance, plus sombre encore qu'elle n'était à l'époque où, en regard du phare de la Darse, luisait seul, dans l'*El-Djezaïr* turc, aux murailles de la Casbah, le grand fanal du palais du Dey.

Et à considérer cette croupe noire qui, à présent, dans les nuits silencieuses, marque l'emplacement de la ville, il semble que soient revenus les temps primitifs, antérieurs à la naissance de celle-ci, et l'on a l'impression de *voir* l'escarpement enténébré sous l'aspect duquel s'offrait alors, dans la nébulosité de la nature endormie et en face des flots sans carènes, la coline solitaire attendant sa cité.

Mais là-bas, aux frontières du Nord, la grande tragédie rugissait sa fureur.

Des deuils multiples frappèrent Alger. Nombre de ses enfants étaient tombés glorieusement aux champs des Flandres. D'autres, plus tard, héros de Verdun et de la Somme, eurent pareil destin. Dans nos foules alors se répandit l'assombrissement des longs voiles de crêpe. Plus fréquentes chaque jour, passèrent parmi nous ces grandes douleurs muettes devant lesquelles, respectueux et humble, on s'effaçait.

Et dans les églises où gémissaient les orgues, exhalant la désolation des *requiem* et des *de profundis*, la cire, sur les autels funèbrement parés, pleurait plus abondante.

C'était là, maintenant, que fleurissaient les lumières d'El-Djezaïr… là, et dans les temples des autres cultes en lesquels sanglottait aussi la prière pour tant de valeureux disparus !

Et, d'un plus lugubre éclat, elles fleurirent encore dans le jardin de notre nécropole, au jour éploré des Morts, devant le mausolée de l'Armée — qu'écrasaient des amoncellements de chrysanthèmes à banderolles tricolores — et au pied duquel, des mères, des veuves, des orphelins, des fiancées s'agenouillaient en larmes, pendant que, vers le ciel, s'élevait la voix des fanfares saluant la mémoire des preux ravis à leur tendresse.

Cependant si, chaque soir, les ombres — fidèlement — se reforment sur nos murailles, la lumière n'a pas été à ce point proscrite de ce rivage, qu'il ne nous soit donné — par moment — d'y goûter la douceur de son sourire.

Chaque nuit, en effet, scrutant l'insécurité de l'horizon, les projecteurs du port dardent à l'improviste au ras de la mer, leurs rayons de comètes où l'écume des vagues vient curieusement surgir en dentelles de sel. Et dans cette vaporisation lumineuse, parfois, des vols de goëlands comme un joyeux présage de la Victoire, accourent se jouer en étincellements d'argent. Et souvent ausssi des salves de bombes éclairantes dont l'élan, dans l'espace, se marque en fulminants sillons, improvisent sur l'onde de passagers clairs de lune.

Et, de loin en loin aussi, un peu de la splendeur des fêtes d'autrefois réapparaît sur cette onde avec certains navires de la Croix-Rouge, surtout avec celui de proportions si magnifiques, que l'on nomme   . (Supprimé par la Censure algérienne).

C'est, en effet, de la proue à la poupe de l'énorme vaisseau, un superbe collier d'émeraudes semant les eaux d'une enveloppante fluidité lunaire. Entre les hunes flamboie le blason du navire : une immense croix de pourpre que semble tenir suspendue dans le vide une invisible Charité, et dont se prolonge la rutilance dans la suave lueur du pourtour, en une frissonnante écharpe de feu.

Ravi de cette résurrection de la clarté du passé, on s'immobilise, on s'attarde devant elle, retenu plus particulièrement par cet éblouissant palladium qui, défiant à travers les mers, la barbarie teutonne, permit à tant de glorieux blessés de nos armées balkaniques d'atteindre au bord hospitalier de cette cité si impatiente de les accueillir.

Mais d'autres lumières encore ont brillé en El-Djezaïr, qui — à l'inverse des premières — n'ont subi, elles, aucune éclipse et brilleront, permanentes, en ces temps de mondiale désolation. Celles-là luisent dans nos cœurs au santuaire de nos pensées où elles brûlent hautes et claires : ce sont les flammes de l'Espérance ! Ces flammes de belle fierté française et d'inébranlable confiance patriotique, ne pouvaient point, en vérité, ne pas se faire apparentes. Et maintes circonstances advinrent en lesquelles on les vit jaillir de tous les regards !

Elles se manifestèrent, et combien vives, lors des grands départs de 1914, dans les yeux de ces vaillantes femmes venues aux embarcadères de nos quais, apporter aux êtres aimés qu'entraînait vers le danger, l'impérieux devoir, — un ultime baiser ! Et on les vit, que de fois aussi, en nos rues — soudain plus animées — dans ces innombrables prunelles rassemblées en grappes devant le texte affiché d'un bulletin de bataille — Et on les vit, de même, en ces vibrantes fêtes données par nos Comités d'assitance au Soldat, dans le regard de ces foules que galvanisait de ses héroïques sonorités, le puissant métal d'une *Marseillaise* écoutée debout, chapeau bas — Et on les vit dans ces imposantes prises d'armes, tandis que sous l'étincellement des baïonnettes relevées et au salut des tambours et des clairons, s'accrochaient sur des poitrines, ces austères et belles croix de guerre qui sont de bronze — sans plus — comme si elles avaient été prises à l'airain même de la colonne de la Grande-Armée !

Et on les verrait encore briller ces flammes, aux yeux de tous, si l'occasion, quelque jour, s'offrait à nos canons de faire à notre cité une ceinture d'éclairs. Quel radiant foyer deviendrait alors l'âme d'Alger, à la voix tonnante de cet acier, ripostant de sa mitraille à l'insolence ennemie !

Et cette ardeur constante que, depuis *des années*, alimente en nous la plus robuste foi, et que nous sentons bien, dans l'intimité de notre conscience, inspirée par les mânes de nos morts — en quel rayonnement d'allégresse se transformera-t-elle, quand, traqué en son antre, tombera sous les glaives justiciers, au retentissement du formidable hurrah de l'humanité délivrée, le monstre d'Outre-Rhin et s'affirmera, de la sorte, absolu, définitif, le triomphe du Droit sur la Force.

— Sauvée des convoitises allemandes qu'elle sentait, inquiète, peser sur elle depuis des ans, — sacrée ainsi *française*, une deuxième fois, — fière de cette dignité confirmée aux derniers fracas de cette lutte titanesque dans le feu de laquelle, renouvelant leurs anciennes confraternités guerrières, les fils de la Gaule et ceux de Berbérie mêlèrent encore leur sang — ravie enfin de demeurer aux bras de cette maternelle nation qui, après l'avoir conquise, s'était faite avec une si touchante sollicitude son éducatrice — l'Algérie, magnifiquement, célèbrera son destin ; et ce sera en cette capitale, refleurie d'étincelantes lumières, que se fera le plus solennelle, l'exaltation de son heureuse fortune.

Dans le resplendissement où s'aviveront les ors des décorations et des grades conquis par ses enfants aux périls de la bataille ; dans l'immense joie populaire où, parmi ses fleurs plus éclatantes, brillera, plus vive, la grâce de ses femmes, on verra, salués jusqu'à terre à leur réapparition, les étendards de nos intrépides soldats éployant fièrement leurs lambeaux sous ce beau ciel demeuré *nôtre* malgré tout !

Parmi les broderies de ses illuminations de toutes parts allumées, sa mosquée, plus altièrement belle qu'elle ne le fut jamais, érigera sa splendeur comme une expression de la gloire dont se sera couverte cette fidèle colonie. Et, dans l'orgueil du sacrifice stoïquement souffert, le peuple tout entier s'acheminera vers l'éminence ornée de corolles — par lui choisie — en laquelle, au commun frémissement de ses hymnes et de ses drapeaux, sera pieusement déposée la pierre première du monument que — dès longtemps — sa reconnaissance décréta d'offrir à ses héros, tombés si nombreux pour la cause de la Liberté.

Sur cette colline *du Souvenir*, bannissant toute tristesse, le front éclairé du grand reflet de l'heure, il évoquera avec enivrement la mémoire de ces nobles défunts, mis au rang maintenant des Saints de la Patrie — que ses yeux, à partir de ce jour, ne voudront plus pleurer et dont sa pensée n'entreverra désormais les chers visages que transfigurés sous des nimbes célestes.

Et, au lendemain de cette célébration, retourné avec l'entrain d'autrefois à son coutumier labeur, mais devenu, à la longue horreur des derniers événements vécus, oublieux de la marche du temps, il verra avec surprise poindre à son horizon une lueur nouvelle...

Lointaine encore, à cet Orient de son Histoire, et cependant, brillante déjà comme une aurore, elle lui montrera en sa purpurine clarté, un nombre, un millésime : 1930 !

A cette révélation de l'approche du grand Centenaire, auquel il ne songeait plus..., saisi d'enthousiasme, il voudra qu'à la glorification séculaire de l'illustre date ainsi rappelée soient vouées toutes les forces, soient consacrées toutes les énergies de cette cité.

Bientôt, se réanimant de l'activité fébrile des jours antérieurs, Alger verra renaître cette prospérité qu'avait fait s'évanouir en elle la guerre atroce.

Sous des pavillons divers, afflueront dans son port retentissant de sirènes, les navires à nouveau mobilisés par le Commerce.

Les usines, qu'auront réoccupées les vaillants lutteurs, trépideront du ronflement de leurs machines. Les gares où viendront s'entasser les butins de nos champs *strideront* de plus fréquents sifflets. Et, revenus à la douceur de notre ciel et au pittoresque de nos sites, les touristes mêleront de plus nombreuses caravanes au mouvement de nos rues.

Partout, dans l'effervescence du travail autant que dans l'abandon des loisirs, s'exhalera, pareille, la joie de vivre. Et ce sera en cette félicité de la paix reconquise et au magnifique spectacle de la richesse récupérée de ce pays, que — sous ses couleurs enlacées aux bannières de tous ses alliés — la République Victorieuse inaugurera la solennelle journée de la grande commémoration nationale.

Et comme en la pompeuse soirée du Retour de ses Guerriers, la Cité renouvellera sur elle son éclatant poème. Aux constellations de son sol répondront dans son ciel criblé de flèches sonores, d'éblouissantes envolées d'étoiles — *Ed-Djedid* rayonnera de ses plus rutilants colliers et de ses plus merveilleuses couronnes — Et, au sommet de son escarpement embrasé de déflagrations joyeuses — ainsi qu'un géant phénix aux ailes blanches — la vieille Casbah se dressera triomphante dans les flammes !

Mais ce ne sera pas seulement par sa somptuosité et par la grandeur du souvenir qu'elle aura évoqué, que comptera cette fête dans les mémoires futures. Elle y vaudra encore par la haute signification que lui aura donnée sa place à l'entrée du stade nouveau, ouvert plus largement à l'évolution de ce pays régénéré.

A la reprise plus vigoureuse, en effet, de l'effort collectif, Alger étonnera et par son développement et par sa progression dans la voie de l'opulence.

Sous la nécessité née d'une plus dense population, ses limites se reculeront, au long du rivage, sur les pentes des coteaux, englobant les territoires de tous les bourgs voisins.

La Cité ainsi agrandie, ajoutera à sa beauté de plus imposants édifices, à son panorama, de plus majestueux aspects. Au sein de sa campagne, sillonnée de perspectives plus grandioses, se dresseront de plus orgueilleuses résidences.

Dans le dominant palais de son Université, élevé sur un roc, à la manière d'un symbole — dans son aérienne Médersa, dont se projette l'ombre sur le sommeil semi-millénaire d'un vénéré docteur de l'Islam — viendront se presser des légions d'étudiants. Et toute cette jeunesse, fraternellement unie dans l'amour de la Mère-Patrie, travaillera de toute son âme pour son plus grand prestige.

Cette terre, parée de toutes les élégances, devenue, l'hiver, le le séjour de prédilection d'un nombre décuple d'étrangers, aux fêtes desquels parmi les villas, le soir, s'éclaireront les verrières de maints aristocratiques hôtels — cette terre où, de tous côtés, se multiplieront, plus brillantes, les illuminations, scintillera vraiment comme un jardin ardent.

Et sur cette mer au charme infini, sur cette légendaire Méditerranée, imprégnée toujours de la grâce voluptueuse d'Aphrodite, et pareillement, de celle des Thaïs et des Phryné, dont son écume, aux rives helléniques, caressa les corps divins — sur cette onde que sa séduction voua, elle aussi, à la parure des joyaux — resplendiront, chaque nuit, dans le fourmillement des navires, des milliers de feux, des milliers de gemmes — et ce sera alors, sur cet azur palpitant, aux yeux de la postérité, le voile de Tanit réapparu, le *Zaïmph* ressuscité dans toute son éblouissante magnificence.

Et comme les aigles d'or qui, autrefois, jaillissaient du sommet de l'Acropole de Carthage — dans la gloire du grand Avenir pacifique — surgira du souverain monument d'intellectualité latine créé ici — le lumineux essor des nobles pensées que sur ce sol africain aura semées, de l'étincellement de son flambeau, l'immortel génie de la France, augmentant idéalement — ainsi — d'un essaim de notes splendides, la radieuse symphonie des Lumières d'El-Djezaïr.

IMP. FONTANA FRÈRES, ALGER - 5-18